T0011374

¿De qué color es?

Bobbie Kalman

Crabtree Publishing Company

www.crabtreebooks.com

Creado por Bobbie Kalman

Dedicado por Reagan Miller
Para mi hermana Lyndsay, que ilumina mi mundo.

Autora y editora en jefe
Bobbie Kalman

Editoras
Reagan Miller
Robin Johnson

Investigación fotográfica
Crystal Sikkens

Diseño
Bobbie Kalman
Katherine Kantor
Samantha Crabtree (portada)

Coordinadores de proyectos
Robert Walker
Kenneth Wright

Coordinación de producción
Margaret Amy Salter

Técnico de preimpresión
Kenneth Wright

Consultor lingüístico
Dr. Carlos García, M.D., Maestro bilingüe de Ciencias,
    Estudios Sociales y Matemáticas

Ilustraciones
Barbara Bedell: páginas 9, 24 (hoja y ave roja)
Jeannette McNaughton-Julich: página 19 (zorrillo)
Vanessa Parson-Robbs: páginas 18 (pingüino de la derecha y pico del
    pingüino de la izquierda),24 (pico de pingüino)
Bonna Rouse: página 19 (panda)
Margaret Amy Salter: páginas 18 (pingüino de la izquierda excepto el pico),
    24 (pingüino excepto el pico)

Fotografías
© Dreamstime.com: páginas 20 (parte superior), 22
© iStockphoto.com: páginas 5 (arco iris de alimentos), 6 (niña), 7 (parte superior),
    15 (parte superior), 17 (parte superior)
© Shutterstock.com: portada, páginas 1, 3, 4, 5 (uvas), 6 (borde), 8, 9, 10, 11,
    12 (borde), 13 (borde y parte superior derecha), 14, 15 (todas excepto la
    parte superior), 16, 17 (todas excepto la parte superior), 18, 19, 20 (parte
    inferior), 21, 23, 24 (pollito, ranas, colores de pintura y flores)
Otras imágenes de Comstock, Corbis, Digital Vision, Photodisc y Tongro
    Image Stock

Traducción
Servicios de traducción al español y de composición de textos suministrados
    por translations.com

Library and Archives Canada Cataloguing in Publication

Kalman, Bobbie, 1947-
    ¿De qué color es? / Bobbie Kalman.

(Observar la naturaleza)
Includes index.
Translation of: What color is it?
ISBN 978-0-7787-8726-6 (bound).--ISBN 978-0-7787-8735-8 (pbk.)

1. Colors--Juvenile literature. 2. Color in nature--Juvenile literature.
I. Title. II. Series: Kalman, Bobbie, 1947-. Observar la naturaleza.

QC495.5.K3618 2009   j535.6   C2008-902919-4

Library of Congress Cataloging-in-Publication Data

Kalman, Bobbie.
    [What color is it? Spanish]
    ¿De qué color es? / Bobbie Kalman.
        p. cm. -- (Observar la naturaleza)
    Includes index.
    ISBN-13: 978-0-7787-8735-8 (pbk. : alk. paper)
    ISBN-10: 0-7787-8735-4 (pbk. : alk. paper)
    ISBN-13: 978-0-7787-8726-6 (reinforced library binding : alk. paper)
    ISBN-10: 0-7787-8726-5 (reinforced library binding : alk. paper)
    1. Colors--Juvenile literature. 2. Color in nature--Juvenile literature.
I. Title. II. Series.

QC495.5.K3518 2008
535.6--dc22   2008019557

Crabtree Publishing Company

www.crabtreebooks.com   1-800-387-7650

Impreso en Canadá/112021/CPC20211101

Publicado en Canadá
Crabtree Publishing
616 Welland Ave.
St. Catharines, Ontario
L2M 5V6

Publicado en los Estados Unidos
Crabtree Publishing
347 Fifth Ave
Suite 1402-145
New York, NY 10016

Publicado en el Reino Unido
Crabtree Publishing
Maritime House
Basin Road North, Hove
BN41 1WR

Publicado en Australia
Crabtree Publishing
Unit 3-5
Currumbin Court
Capalaba QLD 4157

Contenido

Un arco iris de colores

Los colores vienen de la luz solar. En el arco iris vemos los colores de la luz. Los colores del arco iris son rojo, anaranjado, amarillo, verde, azul y morado.

rojo
anaranjado
amarillo
verde
azul
morado

Nuestros alimentos también forman un arco iris de colores.

¿De qué color es el tomate?

¿De qué color es la naranja?

¿De qué color son los plátanos?

¿De qué colores son las manzanas?

¿De qué color son los arándanos azules?

¿De qué colores son las uvas?

¿Qué es de color rojo?

Algunas flores son rojas.
Algunos frutos también son rojos.
¿Qué frutos de color rojo te gustan?

6

¿De qué color son los ojos de estas ranas? ¿De qué color son las flores que hay en esta página? Mira la rana de abajo. ¿Qué parte de la rana es del mismo color que el pasto?

Vida anaranjada

La flor y las mariposas que se posan en ella son anaranjadas. ¿Cómo se llaman estas mariposas anaranjadas? ¿Dijiste "monarca"? La flor se llama lirio atigrado. ¿Por qué crees que este lirio se llama "atigrado"?

El tigre tiene pelo
anaranjado con
rayas negras.
Tiene muchas
rayas en la cara,
la cola y el lomo.

9

El sol es amarillo

Está en el cielo, es
amarillo, redondo
y caliente. ¿Qué
es? ¿Adivinaste o
no que era el sol?

Los colores que ves en
esta página son el amarillo,
el anaranjado y el rojo.
Se llaman **colores cálidos**.
¿Por qué crees que se
llaman colores cálidos?

La flor y la abeja que se posa en ella son amarillas. También hay una araña amarilla, pero no se ve fácilmente. La abeja ahora es el alimento de la araña. ¿Te parece justo?

abeja

araña

Mundo verde

En la naturaleza hay un hermoso mundo de color verde. Hay plantas verdes en todas partes. Cuando lo cuidamos, nuestro mundo es maravilloso. Debemos cuidar el planeta que compartimos.

Las pequeñas ranas
arbóreas verdes viven
en los bosques tropicales,
donde el verde abunda.

El dragón de mar foliado
es de color verde y vive
en el océano.

Esta mantis religiosa verde
vive en las plantas del
mismo color.

Muchas clases
de serpientes
son verdes.

Azul frío

El cielo es azul. El agua es azul.
¿De qué color son estas hojas?
¿También son azules? El azul
y el verde son **colores fríos**.
¿Por qué crees que se llaman
colores fríos?

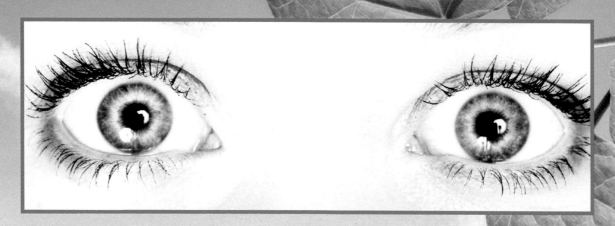

El cielo puede ser azul. Los ojos pueden ser azules.

Las patas también pueden ser azules. Estas aves tienen patas de color azul. Por eso se llaman pájaros bobos de patas azules.

Violetas moradas

"Las rosas son rojas. Las violetas, azules". ¿De qué color ves estas violetas? **Violeta** es otro nombre que se usa para el color morado. Violeta también es el nombre de una flor. Todas estas flores son violetas. ¿Qué violetas son moradas? ¿Qué violetas son azules?

Este cangrejo
morado vive
en la playa.

Este pulpo morado
vive en el océano.

Blanco **y negro**

La nieve es blanca. El hielo también es blanco. Los pingüinos viven en la nieve y el hielo. Los pingüinos tienen plumas blancas y negras. Tienen plumas gruesas para conservar el calor del cuerpo en sus hogares helados.

Las cebras son blancas con rayas negras. ¿Qué otros animales son blancos y negros? Nombra los animales blancos y negros que veas en esta página.

panda

mariposa cometa de papel (Idea leuconoe)

zorrillo

pollitos

cebra

dálmata

19

¡Mezcla colores!

rojo   **amarillo**   **azul**

Puedes hacer muchos colores usando sólo tres. Estos tres colores se llaman **colores primarios**. ¿Cuáles son los colores primarios? Los ves a la izquierda.

20

Toma un poco de pintura y mezcla estos colores.

El rojo y el amarillo hacen el anaranjado.

El amarillo y el azul hacen el verde.

El azul y el rojo hacen el morado.

El amarillo, el azul y el rojo hacen el marrón.

El rojo y el blanco hacen el rosado.

Tu ánimo en colores

Las personas demuestran su estado de ánimo a través de los colores. ¿Qué color demuestra que estás triste? ¿Qué color demuestra que tienes miedo? ¿Qué color demuestra que estás enojado? ¿Qué color te hace sentir feliz? ¿Qué color demuestra que estás de muy mal humor?

Esta niña está vestida de amarillo. ¿Tiene miedo?

Esta niña tiene una camisa roja. ¿Está enojada? Tiene pantalones azules. ¿Está triste?

Este niño está vestido de negro. ¿Está de mal humor?

¿Qué color nos hace sentir felices?

23

Palabras para saber e índice

amarillo
páginas 4, 10-11, 20, 21, 23

anaranjado
páginas 4, 8-9,10, 21

azul
páginas 4, 14-15, 16, 20, 21, 23

blanco
páginas 18-19, 21

rojo

anaranjado

amarillo

colores cálidos (los)
página 10

azul

verde

colores fríos (los)
página 14

colores primarios (los)
página 20

violetas

morado
páginas 4, 16-17, 21

negro
páginas 9, 18-19, 23

rojo
páginas 4, 6-7, 10, 16, 20, 21, 23

verde
páginas 4, 12-13, 14, 21

Otras palabras
alimento (el) páginas 5, 6, 11
arco iris (el) páginas 4, 5
cambios de ánimo en colores (los)
  páginas 22-23
hacer colores páginas 20-21